2 キノコ雲の下で起きたこと

シリーズ戦争　語りつごうヒロシマ・ナガサキ

安斎育郎 文／監修

長崎に立ちあがったキノコ雲（米軍撮影・長崎原爆資料館所蔵）

新日本出版社

もくじ

シリーズ戦争　語りつごうヒロシマ・ナガサキ 2

この本をよむ人へ（はじめに）	3
悪魔の兵器がもたらしたもの	4
おそいかかった放射線　4／熱がふってきた　6	
おそいかかった衝撃波と爆風　8	
悪魔の兵器を落とした爆撃機	12
被爆者証言①	
8月6日、母と妹におくる手紙　岩佐幹三さん（千葉県）	14
見えない悪魔・放射線	16
放射線と放射能　18／急性放射線障害　20	
被爆者証言②	
『ようすけ君の夢』のこと　眞柳タケ子さん（長崎原爆語り部）	22
晩発性放射線障害　24／被ばく線量と障害の関係　26	
被爆者証言③	
悪夢のような8月6日　松本都美子さん（広島被爆体験証言者）	28
いまもつづく裁判	30
日本原水爆被害者団体協議会の活動	32
被爆者証言④	
被曝二世として思う　山根和代さん（立命館大学国際平和ミュージアム副館長）	34
韓国の被爆二世	36
アメリカ兵の証言	
元米兵ジュリアン・コーエンさんの体験	38

シリーズ戦争　語りつごうヒロシマ・ナガサキ

1　天からふってきた悪魔
2　キノコ雲の下で起きたこと
3　歴史を未来にいかす
4　核兵器とはどういうものか
5　平和についてかんがえる

この本をよむ人へ（はじめに）

　大昔は、人と人がたたかうといっても、実際のたたかいは、取っ組みあう、なぐりあう、投げ飛ばすなど、「1対1」が基本でした。やがて、狩猟につかっていた弓矢や槍も戦争の道具として応用され、金属を加工できるようになると、相手に深い傷を負わせることができるようになり、ひとつの武器で何人もの人を殺傷できるようになりました。さらに「火薬」が発明されると、さっそく鉄砲や大砲に応用され、遠くはなれた場所から多くの人を殺傷できるようになりました。20世紀に入ると、戦車や戦艦や爆撃機など、兵器を積んで敵地にのりこんだり、空から爆弾を落としたりする技術も開発されて、ますます戦争を悲惨なものにしていきました。

　やがて、それまでの「化学反応」ではなく、その何万倍から何百万倍ものエネルギーを出す「核反応」をつかった原爆や水爆も開発され、それらをのせて大陸をまたいで攻撃するミサイルも登場し、戦争はますます悲惨さをましていきました。

　核兵器の最初の犠牲になったのは、日本でした。長い長い戦争の果てに、広島・長崎に人類最初のウラン原爆とプルトニウム原爆が投下され、今日までに30万人以上の命をうばいました。その後、1954年3月にビキニ環礁でおこなわれた核実験につかわれた水爆は、広島原爆の950倍も強力なもので、日本のマグロ漁船・第五福竜丸が犠牲になりました。兵器は、科学・技術の進歩とともに、どんどん凶悪化していきます。

　歴史上初めて核の被害を受けた日本人は、核兵器がもたらした苦しみについて世界の人びとにアピールし、悲惨な体験がくりかえされないように語りついでいく責任があるでしょう。

広島上空にひろがったキノコ雲
（米軍撮影・広島平和記念資料館提供）

悪魔の兵器がもたらしたもの

広島原爆ドーム

おそいかかった放射線

　原爆が爆発すると、そこからは「初期放射線」と「熱線」と「爆風・衝撃波」の3つが放出され、熱線や爆風がおさまった後にも「残留放射線」が人びとをおそいました。

　最初に出るのは、初期放射線です。原爆がさく裂すると、広島の場合には「ウラン」という物質が、長崎の場合には「プルトニウム」という物質が、「原子核分裂反応（核分裂反応）」とよばれる反応を起こし、大量の中性子線やガンマ線とよばれる放射線を出しました。核分裂反応は100万分の1秒という短い時間に起こったので、まだ原爆が「ピカッ！」と光らず、「ド～ン！」と音を発する前に、もう放射線を周囲に浴びせかけていたのです。原爆のことを「ピカドン」とよぶことがありますが、実際には「ピカ」「ドン」の前に、人びとは放射線を浴び始めていたのですね。

　爆発から1分以内に放出された放射線は「初期放射線」とよばれますが、中性子線やガンマ線は空気中を1キロも2キロも突き進み、地上の人びとに被ばくをあたえました。それは、急性の放射線障害によって多くの人の命をうばっただけでなく、その後何十年にもわたって晩発性放射線障害の原因となり、被爆者を一生苦しめることになりました。

けがもやけどもしなかったが、放射線で脱毛し、歯ぐきに炎症を起こした兵士。爆心地から1キロの兵舎内で被爆した（木村権一氏撮影・広島平和記念資料館提供）

放射線放出

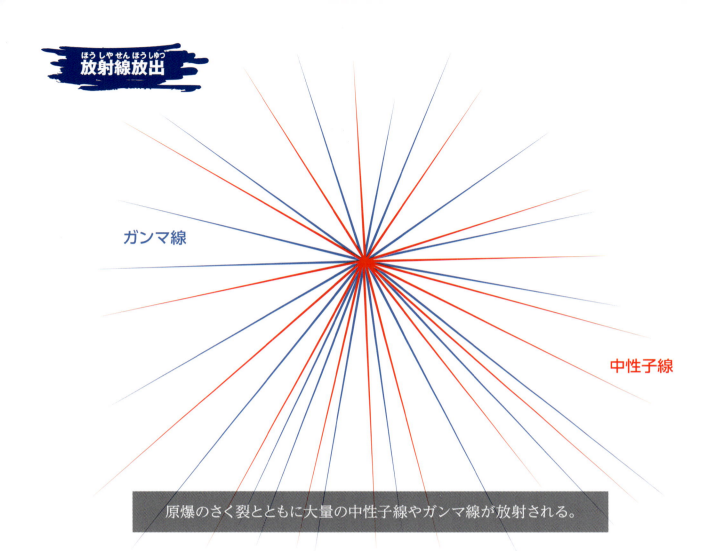

ガンマ線

中性子線

原爆のさく裂とともに大量の中性子線やガンマ線が放射される。

広島に投下された原爆
(模型・広島平和記念資料館所蔵)

まず放射線が被爆地をおそった
(再現展示模型・長崎原爆資料館所蔵)

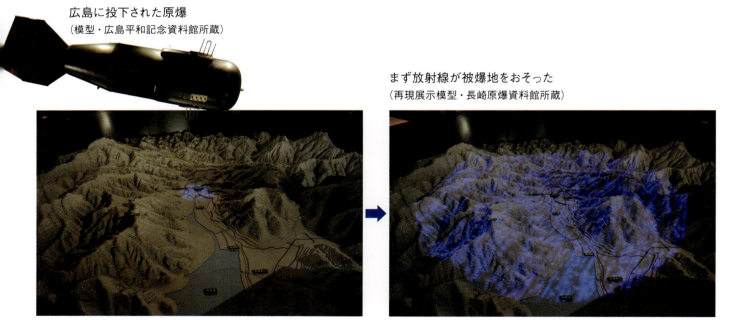

長崎の浦上天主堂

熱がふってきた

　100万分の1秒以内という、とても短い時間内に起こった核分裂反応で放出された放射線は、広島では地上約600メートル、長崎では地上約500メートルの高さに「小さな太陽」を出現させました。瞬間的に放出された放射線のエネルギーが吸収され、大気を「プラズマ状態」にして「火の玉」（火球）をつくりだしたのです。「プラズマ」というのは、あまりにも高温のために空気中の酸素や窒素などの原子を構成している「原子核」とそのまわりの「電子」がバラバラになった状態のことです。

　わたしたちがしっているプラズマ状態のものといえば、それは「太陽」でしょう。中心部分の温度は1500万度といわれますが、表面でも6000度もの高温です。原爆の火球の温度も中心部では250万度にも達し、それによってつくられた火の玉から熱が放出されました。この熱の正体は「赤外線」とよばれる一種の放射線で、空気をつらぬいて地上に達し、爆心直下では3000〜4000度の高温になりました。それは、家々に火災を起こし、人びとを焼き殺し、ケロイド（やけどが治ったあと皮ふがもりあがる病変）をのこしました。大規模な火災は強い上昇気流を生み出しながら渦巻き状の「火災旋風」（火事嵐）となって移動し、広島・長崎の町を焼きつくしました。

爆心地上空には火球が
（再現模型・広島平和記念資料館所蔵）

背中や両うでがケロイドになった女性。爆心地から1600メートルで被爆し背中に熱線をあびた。カバンをかけていた部分はやけどしていない
（撮影者不明・広島平和記念資料館提供）

火球形成

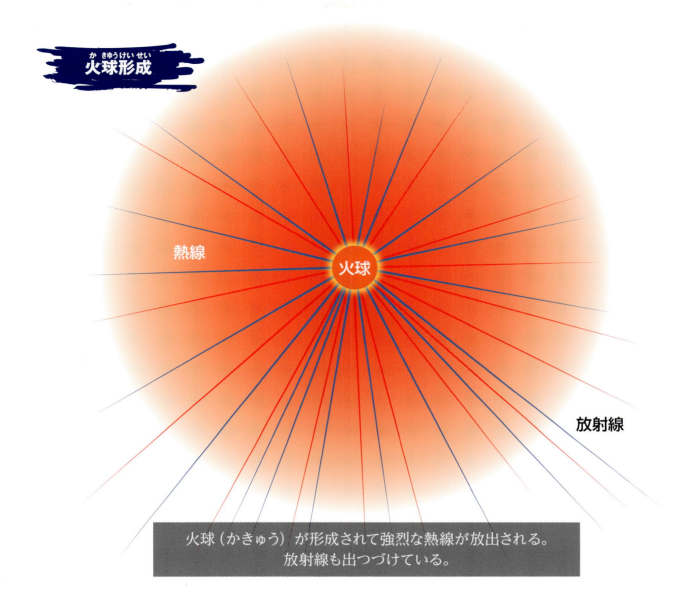

火球（かきゅう）が形成されて強烈な熱線が放出される。
放射線も出つづけている。

被爆地を熱線がおそった
（再現展示模型・長崎原爆資料館所蔵）

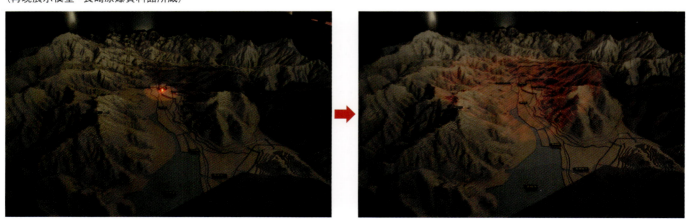

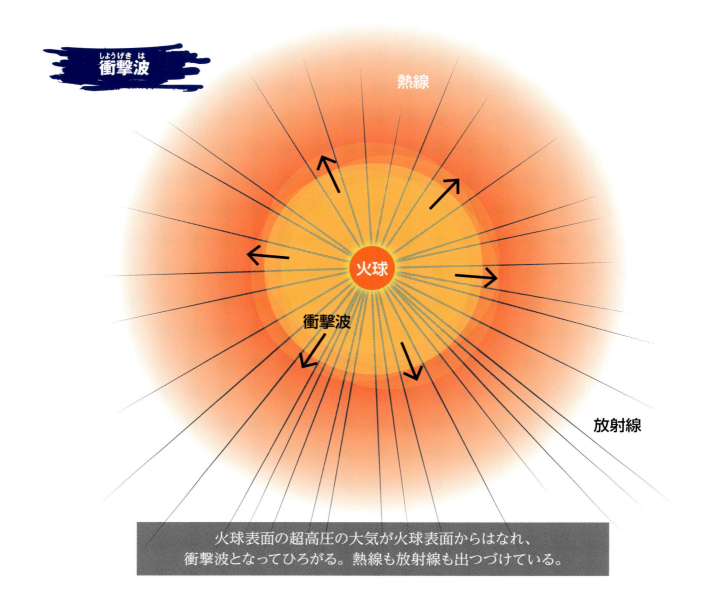

火球表面の超高圧の大気が火球表面からはなれ、衝撃波となってひろがる。熱線も放射線も出つづけている。

お そいかかった衝撃波と爆風

　原爆の核分裂反応の熱で生み出された火球は、毎秒200メートルもの速さで膨張したため、火球の表面は圧縮された大気で超高圧状態になりました。急激に圧縮された空気は「衝撃波」とよばれる強烈な大気の波となって地上に達し、建物を押しつぶし、多くの人びとを死傷させました。爆心直下での衝撃波の圧力は「1平方メートルあたり35トン」にもおよんだので、1メートル四方の土地に大きな馬を35匹のせたほどの圧力でした。衝撃波は3秒後には約1.5キロメートル、10秒後には約4キロメートルに達しました。爆心地から2.3キロメートルはなれた御幸橋の欄干も、秒速45メートルの衝撃波によってなぎたおされました。

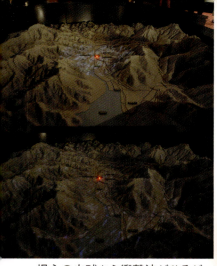

爆心の火球から衝撃波がひろがっていく
（再現展示模型・長崎原爆資料館所蔵）

衝撃波を追うように爆風がひろがっていく
（再現展示模型・長崎原爆資料館所蔵）

熱線でもえあがった火は、風によってひろがり街をやきつくした。赤いところが長崎のやけた範囲
（再現展示模型・長崎原爆資料館所蔵）

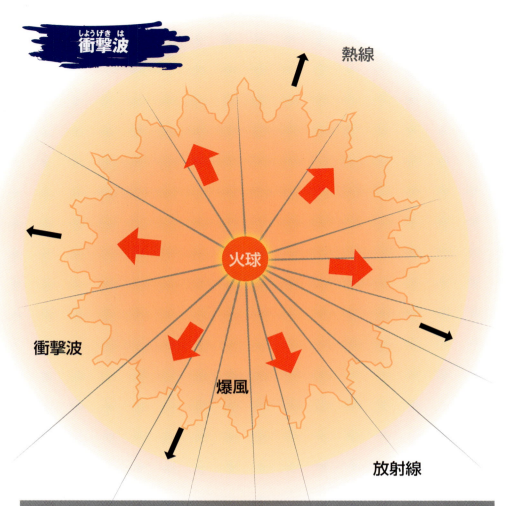

衝撃波の後を追うように強烈な爆風がおそってくる。衝撃波はさらにひろがり、熱線も放射線もよわくなりながら出つづける。

　衝撃波の後を追うように膨張した空気が爆風となっておそいかかり、さらに、爆発で空気が外に押し出されたために真空状態になった中心部に外から空気が吹きもどし、「逆爆風」を生み出しました。爆風によって何十メートルも吹き飛ばされた人もいました。

　衝撃波と爆風は、爆心地から2キロメートル以内の家をほぼ完全に破壊しました。風は火災にますますいきおいをあたえ、飛んでくる瓦やこなごなにくだけたガラスの破片が多くの人を傷つけました。

ヒロシマ

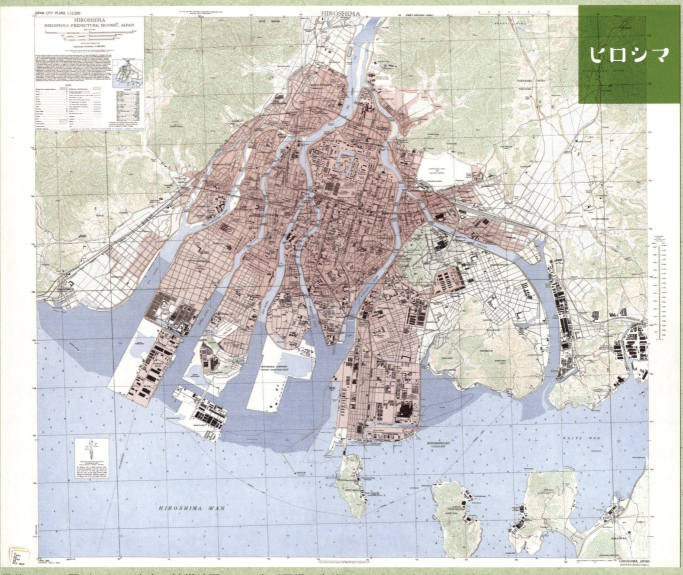

戦後アメリカ軍がつくった広島の被災地図。こい赤が原爆で全壊したところ、うすい赤が半壊したところをしめしている
（テキサス大学図書館ホームページから）

横にはしる熱線でやきつけられた手すりの影（たての影は太陽でできたふつうの影）。西部瓦斯長崎支店八千代工場のガスタンクの階段で
（林重男氏撮影・長崎原爆資料館所蔵）

爆風でたおれた御幸橋のランカン
（川本俊雄氏撮影・川本祥雄氏提供）

いまの御幸橋西詰にある戦前の橋と被爆直後に撮影された写真パネルの掲示板

ナガサキ

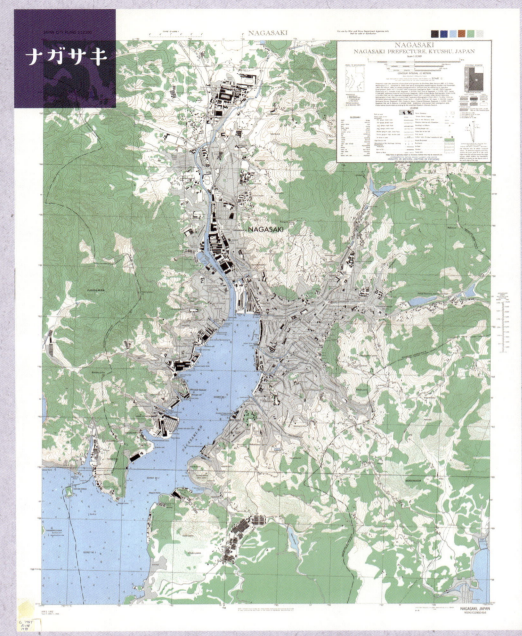

戦後アメリカ軍がつくった長崎の被災地図。灰色で被災したところをしめしている
（テキサス大学図書館ホームページから）

爆心地側の鳥居の半分は爆風でたおれ、反対側だけがのこった。一本柱鳥居とよばれている
（小川虎彦氏撮影・長崎原爆資料館所蔵）
下はいまの一本柱鳥居

長崎原爆で、全壊・全焼してコンクリート製の防火壁だけがのこった三菱浦上寮
（米国陸軍病理学研究所返還写真・長崎原爆資料館所蔵）

衝撃波と爆風でゆがんだ窓枠。被爆建物の広島市江波山気象館で

被爆直後のようすを再現したジオラマ
（再現展示模型・広島平和記念資料館）

悪魔の兵器を落とした爆撃機

　原爆は4～4.5トンもありましたので、原爆を組み立てたテニアン環礁から日本までこの重い兵器をはこべるだけの爆撃機が必要でした。それが、広島・長崎に原爆を投下したB29、愛称「スーパー・フォートレス（超空の要塞）」という爆撃機でした。初めから「長距離爆撃機」として戦争のために開発された航空機で、「B」は開発したボーイング（Boeing）社の名前に由来しています。合計4000機近く生産されましたが、実際に戦争でつかわれ始めたのは1944年5月で、しかも日本との戦争に限定してつかわれました。そのため、機体のニックネームには、「トウジョウズ・ナイトメアー（東条の悪夢）」〈陸軍大臣・総理大臣などを務めた東条英機のこと〉、「チョットマッテ」などの名前もつけられました。広島に原爆を投下した「エノラ・ゲイ」（ポール・ティベッツ機長）や長崎に原爆を投下した「ボックス・カー」（チャールズ・スウィーニー機長）は、原爆投下用に改造されたものでした。

スミソニアン航空宇宙博物館の別館に展示されているエノラ・ゲイ号。原爆被害の説明がされていないなどの問題もいわれている
（Lorax氏撮影・wikipediaから）

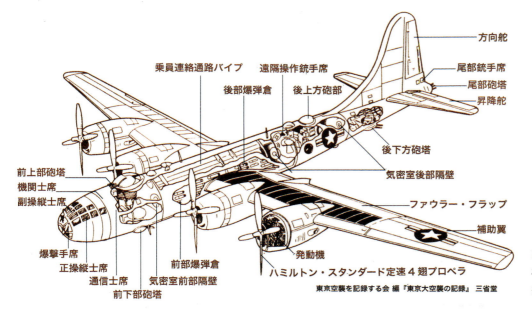

日本の空襲につかわれたB29。原爆投下につかわれた機体は原爆を積むために格納庫などが改造されていた

東京空襲を記録する会 編『東京大空襲の記録』三省堂

国立アメリカ空軍博物館に展示されているボックス・カー号
（米軍撮影・国立アメリカ空軍博物館ホームページから）

1990年代半ば、アメリカのスミソニアン航空宇宙博物館がエノラ・ゲイの展示を計画しましたが、退役軍人団体からの抗議で原爆被害や歴史的背景を展示せず、館長は辞任に追い込まれました。ティベッツ機長は、生前、原爆投下を肯定しつづけました。また、スウィーニー機長はエノラ・ゲイ展示計画について議会で証言し、原爆被害の展示を縮小し、原爆投下が戦争を終わらせるために役立ったことを展示するよう求めました。

被爆者証言 ① 8月6日、母と妹におくる手紙

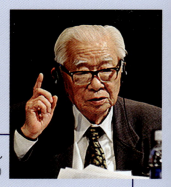

岩佐さん
（日本原水爆被害者団体協議会提供）

岩佐幹三さん（千葉県）

　母さん、僕は夢を見たよ。頭上でグワンという爆発音がして、破壊しつくされた街並みがあらわれた。僕は、「今度こそ母さんを助けるぞ」とさけんだ瞬間、目がさめた。くやしかったよ。

　1945年、日本は空襲で焼きつくされ、戦争する力はのこっていなかったが、国は戦争をやめず、運命の8月6日がやってきた。8時15分、僕は、広島の自宅の庭ではげしい爆風を受け、畑にたたきつけられた。もう少し右にいたら庭石にたたきつけられて即死していただろうな。向かいの家の陰になって、奇跡的にやけども負わなかった。

　母さんは家の下敷きになり、身動きがとれなかった。助けようとするうちに、火事嵐がすごいいきおいでせまってきた。母さんは「早よう逃げんさい」といって「般若心経」を唱えだした。僕は、原爆で焼き殺される母さんを見殺しにして逃げた。なさけなかった。

　数日後、母さんの遺体を見つけた。子どものマネキンにコールタールをぬって焼いたような、油でずるずるした物体だった。母さんは「ヒト」としてではなく、「モノ」として焼き殺されたんだ。本当にくやしい。

　建物疎開の片づけに動員されていた妹をさがしたが、見つからなかった。一か月後、僕に急性症状が出た。奇跡的に回復したが、あのときから「僕も被爆者なんだ」と自覚するようになった。

　やがて僕は大学の先生になり、勤務地の金沢で「石川県原爆被災者友の会」会長として被爆者運動にとりくんだ。今は千葉にうつり「日本原水爆被害者団体協議会」で事務局次長を務めている。被爆の影響でがんや白内障にもかかり、今も前立腺がんをかかえたままだ。母さんたちのことはちゃんと胸の中にたたき込んで、証言活動しているよ。そして、「ふたたび被爆者をつくるな」と核兵器の廃絶を訴え、被爆体験を未来につたえるために、「ノーモア・ヒバクシャ記憶遺産継承センター」をつくろうとがんばってる。被爆者のむごい体験をわすれず、人類史にしっかりと刻むために、若い人たちにしっかりとつたえなければ……。

体験画、柱の下敷きになった母親とその助けをよぶ少女。男3人で柱をもちあげようとしたが、びくともせず、せまる火災に「ゆるしてください」と手をあわせてその場をはなれた
(小野木明氏作画・広島平和記念資料館所蔵)

体験画、校舎の下敷きになった子どもを助けることができず、ただ手をにぎって声をかけるだけだった
(加藤義典氏作画・広島平和記念資料館所蔵)

原爆で焼け野原になった三菱長崎製鋼所第2工場
(米国陸軍病理学研究所返還写真・長崎原爆資料館所蔵)

見えない悪魔・放射線

　原爆の特徴は、ものすごい熱線や爆風だけでなく、ほかの爆弾にはない「放射線」によって人を殺したり、病気にしたりするという点です。

　広島に投下された原爆は、その威力がトリニトロトルエンというダイナマイト級の高性能火薬にして1万5000トン相当、長崎の原爆はその約1.5倍の2万2000トン相当でした。実に、4トン積みトラックにして4000～5000台分にあたります。おそろしい威力です。確かに、原爆が爆発した真下では数千度の温度になり、秒速何百メートルもの爆風が吹きあれました。

　でも、原爆だけがもっている特徴は、なんといっても「放射線」です。目には見えないものの、体に浴びると死んだり、病気になったりする不気味なものです。

　放射線は体にあたると、細胞に傷をつけます。わたしたちの体は約60兆個（！）の細胞でできていますが、大人で約60％、赤ちゃんなら約75％は水分です。放射線が水にあたると「活性酸素」という有害な成分をつくります。その「活性酸素」が間接的に細胞にわるさをし、臓器の働きをさまたげ、最悪の場合には命をうばうのです。

　原爆からは、中性子線やガンマ線など、いろいろな放射線が放出されます。しかも、爆発の瞬間に出てくるだけでなく、放射線を出す物質（放射性物質）をばらまいて、それらが何時間も何日も何か月もたってから放射線を浴びせかけます。そして、急性の放射線障害で命をうばうだけでなく、何か月も何年も、時には何十年もたってから体に病気を起こすのです。広島・長崎の原爆被爆者たちは、いまなお、自分の病気は原爆による被爆が原因かもしれないと考えて国を相手に裁判を起こしています。国側は「病気は原爆による放射線被ばくとはいえない」と主張していますが、多くの裁判で被爆者側の主張が認められています。

裁判の勝利にむけて原水爆禁止世界大会でうったえる被爆者たち（2004年8月6日、広島）

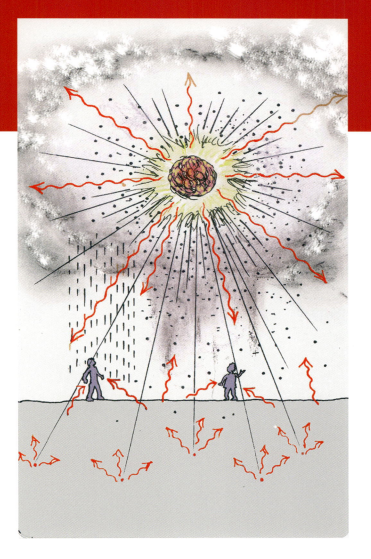

原爆のさく裂でできた火球から、放射線や放射性物質がふりそそぎ、地中からも放射線をあびせるようになった。体の中にはいった放射性物質も放射線をだして細胞をきずつける

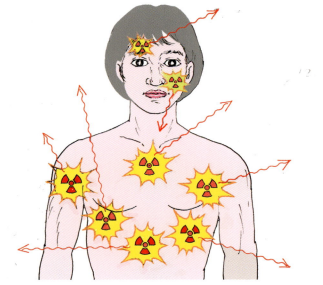

体験画、広島駅地下道で、放射線の影響か、けがもないのにぐったりしている兵隊と、それを看病する看護婦
(田坂敏彦氏作画・広島平和記念資料館所蔵)

放射線と放射能

放射線とは？

放射線には大きく分けて、中性子線のような「粒子放射線」と、ガンマ線のような「電磁放射線」があります。大まかにいえば、放射線とは「飛んでいる粒子（こまかい粒）や電磁波」のことといってもいいでしょう。

粒子には、電子、陽子、中性子、アルファ粒子などいろいろありますが、これらが飛んでいればそれぞれ電子線（ベータ線）、陽子線、中性子線、アルファ線などとよばれ、まとめて「粒子放射線」といいます。原爆の場合には、体の外から浴びた粒子放射線としては、「中性子線」が一番問題でした。体の中に入ってきた放射性物質からの被ばくの点では、「ベータ線」が一番問題となりました。

一方、これとは別に「電磁放射線」とよばれる放射線があり、これらは「光」とおなじ仲間で、エックス線やガンマ線がその例です。ラジオ・テレビ・携帯電話の電波や、赤外線・可視光線・紫外線なども「電磁放射線」にふくまれますが、人間の健康への影響の点ではエックス線やガンマ線がもっとも危険です。原爆の被ばくでは、火球やフォールアウト（放射性降下物）から放出されたガンマ線が重要な被ばく原因になりました。また、火球から出た赤外線は熱線となって多くの人の命をうばい、やけどの傷跡をのこしました。

放射能とは？

「放射能」と「放射線」は言葉はそっくりですが、ちがうものです。〈放射能〉は、「放射線を出す能力」のことです。放射能をもった物質のことを「放射性物質」といいますが、原爆からは「放射性物質」がばらまかれました。

わたしたちのしっているかぎり、「鉄」はいつまでたっても「鉄」のままですが、たとえば、原爆でも放出された「セシウム137」という放射性物質は、ベータ線やガンマ線などの放射線を出して「バリウム137」という別の種類の原子に変わってしまいます。このように、放射線を出して勝手に別の原子に変わってしまう性質のことを「放射能」とか「放射性」といいます。

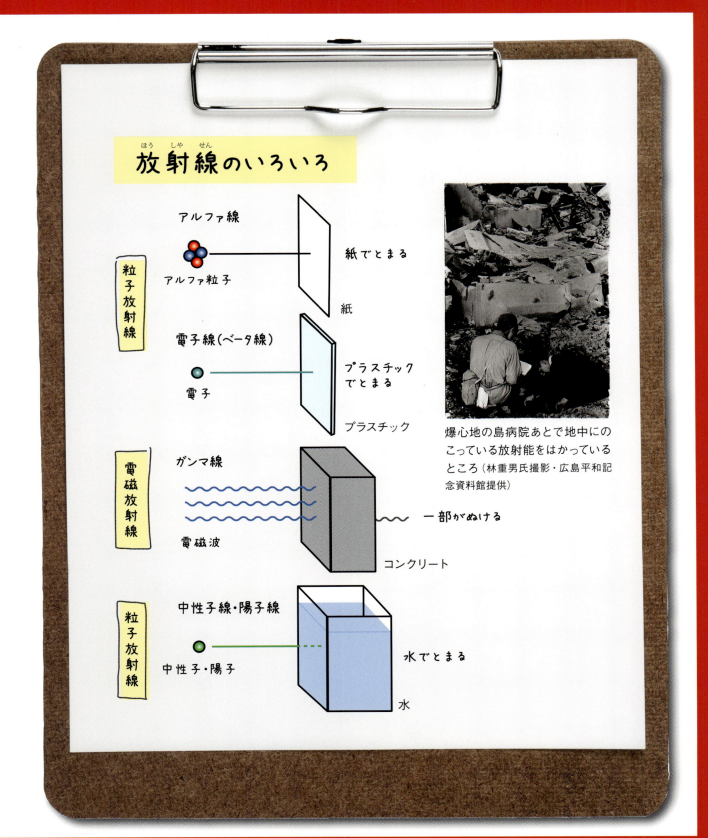

爆心地の島病院あとで地中にのこっている放射能をはかっているところ（林重男氏撮影・広島平和記念資料館提供）

急性放射線障害

　一度に全身にたくさんの放射線を浴びると、すぐに体に異変が起こって病気になったり、ひどい場合には死亡したりするような「急性放射線障害」が起こります。「しきい値」といわれるある限界をこえる大量の放射線を短期間に浴びた場合にだけ見られる障害です。合計で浴びた放射線の量がおなじでも、だらだらと長い時間をかけて浴びた場合や、体全体ではなく、手や足など一部分が浴びた場合も障害の出方がちがいます。

　わたしたちが放射線を浴びた量（被ばく線量）を表すには「シーベルト」という単位がつかわれますが、大体1シーベルト前後浴びると血液中のリンパ球がへります。3シーベルトぐらい浴びると毛がぬけたり、皮ふに赤い発疹ができたりします。3〜10シーベルトぐらい浴びると、骨の中で「血液をつくる」骨髄といわれる部分が障害を受け、白血球がへって感染や出血を起こします。8シー

香焼島の川南造船所（現在の三菱重工業長崎造船所香焼工場の場所）から見たキノコ雲。原爆さく裂15分後に撮られた写真
（松田弘道氏撮影・長崎原爆資料館所蔵）

ベルト程度以上浴びると腸の細胞がやられ、命にかかわる障害を受けます。さらに、何十シーベルトも浴びれば、脳の中枢神経が障害を受けて死亡します。これぐらい大量に浴びると、医学が発達した現在でも、有効な治療法がありません。

右下の写真は、千葉県の造船所で溶接するところの検査につかわれていたイリジウム192という放射性物質をひろってポケットに入れて帰った人にあらわれた急性放射線障害（潰瘍）の例です。

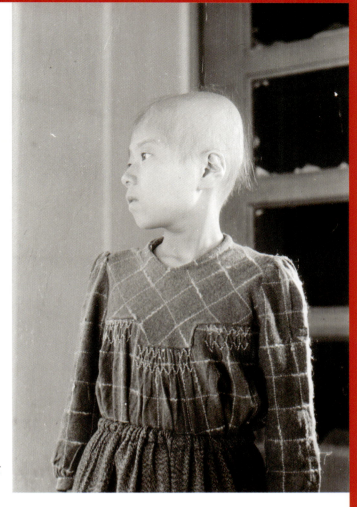

広島で放射線を浴びて脱毛症状を起こした少女
（菊池俊吉氏撮影・菊池徳子氏、田子はるみ氏提供）

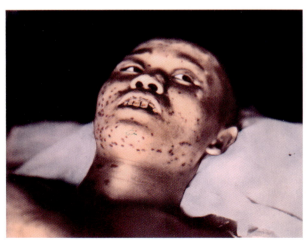

広島で被爆した兵士に見られた出血斑
（木村権一氏撮影・広島平和記念資料館提供）

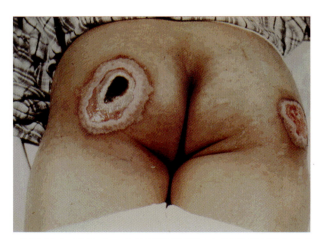

イリジウム192という放射性物質による局所被ばくでできた潰瘍［かいよう］
（安斎育郎提供）

被爆者証言 ②　『ようすけ君の夢』のこと

眞柳 タケ子 さん（長崎原爆語り部）

　長崎に原爆が投下された時、わたしは1歳半でした。玄関で母がわたしに赤い靴の片方をはかせた瞬間でした。わたしは母がかばってくれたので助かりました。

　成長して結婚し、1966年に男の子を授かりました。「ようすけ」といいます。難産で生まれ、「オギャア」と泣いたのですが、すぐにチアノーゼ（体が青紫色になる症状）が出て、保育器にうつされました。先天性心臓病でした。

　ふつう心臓は4つの部屋に分かれていますが、ようすけには2つしかなく、きれいな血ときたない血がまざってしまう危険な病気です。それまで「被爆者」ということを気にしていなかったのですが、このときばかりは「被爆者」であることを思いしらされました。

　生まれてから5か月、ようすけは何度も危険な状態におちいり、とうとうその年の11月21日、夫の誕生日に短い命を閉じました。夫は、「おれの誕生日がなくなった」と男泣きに泣きました。わたしはすまないと思い、被爆者であることをうらみ、「死にたい」と思って線路に立ったりしました。でも、いつかこの悲しみを話さなければならないと思うようになりました。2人目の出産のときは本当にまよいましたが、夫や友人にはげまされて出産し、その後3人目の女の子にも恵まれました。娘はわたしが中学時代をすごした九州に嫁ぎ、元気な男の子を生みました。

　やがてわたしは、「わたしのような悲しみをくりかえしてはいけない」と考え、語り部になりましたが、わたしの体験談を京都の佛教大学の黒岩ゼミが『ようすけ君の夢』という

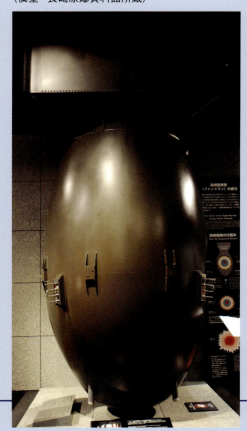

長崎におとされた原爆「ファット・マン」
（模型・長崎原爆資料館所蔵）

体験画、空が七色に見えた
（高木忠孝氏作画・長崎原爆資料館所蔵）

絵本として出版して下さいました。佛教大学に語りに行ったとき、学生のみなさんが感動して、「何かのこしたい」といってくれました。わたしは紙芝居をつくりたいと思ってお願いしたのですが、立派な絵本をつくってくれたのです。ようすけは5か月で亡くなりましたが、この本では小学生として出てきます。ようすけ君の絵が、亡くなったようすけの顔に似ているのでびっくりしました。

　原爆は被爆した人だけでなく、二世、三世にまで肉体的、精神的に影響をおよぼすと思います。本当におそろしいと思いませんか。

『ようすけ君の夢』

平和への思いをこめて被爆者と
学生たちがつくった絵本

語り：上村　吉・眞柳タケ子
文　：佛教大学黒岩ゼミ
絵　：田中　愛・越智裕希美
［英訳・仏訳付き］
発行：クリエイツかもがわ
発売：かもがわ出版
定価：1300円＋税

黒い雨のついた雨戸をしらべる調査員
(林重男氏撮影・広島平和記念資料館提供)

晩発性放射線障害

　放射線障害の特徴のひとつは、被爆した後すぐに症状が出るのではなく、何週間も、何か月も、ときには何年、何十年とたってから障害が起こる「晩発性放射線障害」があることです。「晩」は「晩年」などの場合とおなじで「遅い」という意味ですから、「遅れてあらわれる放射線障害」という意味です。障害が出ない期間のことを「潜伏期」といいます。

　発がんや、世代をこえて発現する遺伝的影響などは晩発性障害の例です。がんでは、甲状腺がん、乳がん、胃がん、肺がん、骨髄性白血病などが起こることがしられています。

　白血病は、被爆後2～3年たってから発生し、6～7年で一番起こりやすくなり、その後は減少します。その他のがんでは、若いときに被ばくしたほど潜伏期が長く、「がん年齢」（がんが起こりやすくなる年齢）に達するとふえる傾向にあります。

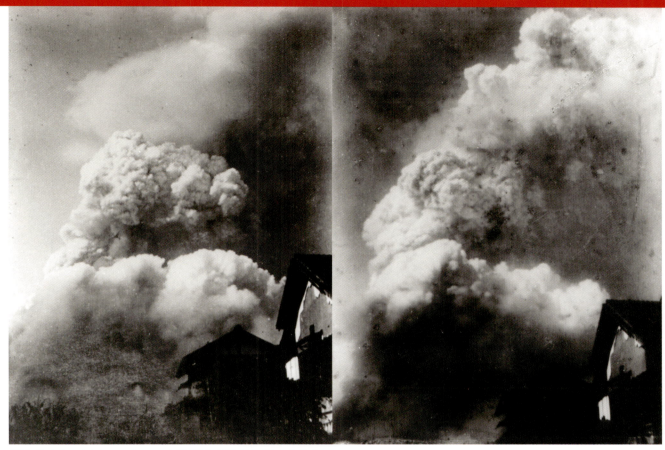

爆心地から7000メートルの安佐郡古市町神田橋から見た、原爆さく裂2分後(左)と約30分後(右)のキノコ雲
(松重三男氏撮影・広島平和記念資料館提供)

放射線の影響で斑入り[ふいり]になったヤマゴボウ
(林重男氏撮影・広島平和記念資料館提供)

　遺伝的影響は親が放射線を浴びると、その影響が次の世代(子ども)以降に出る現象ですが、動物実験では古くからしられています。原爆被爆者については、奇形、成長や発育、がんなどの発生率、死亡率など、遺伝的影響がふえるということは幸い見つかっていません。

　お母さんのおなかの中にいるときに放射線を大量に浴びる「胎児被ばく」では、小頭症(脳の発育障害)や心身の発達の遅れが起こることがしられています。

被ばく線量と障害の関係

放射線障害には、「確定的影響」と「確率的影響」の2つのタイプがあります。

確定的影響

ある限界線量（しきい値）をこえて被ばくすると起こるが、それ以下の被ばくでは起こらないようなタイプの放射線障害で、急性放射線障害はこれにあたります。あるレベルをこえると誰にでも「決まって（確定的に）」起こるので、「確定的影響」とよばれます。被ばく線量が多ければ多いほど、重い障害にかかります。

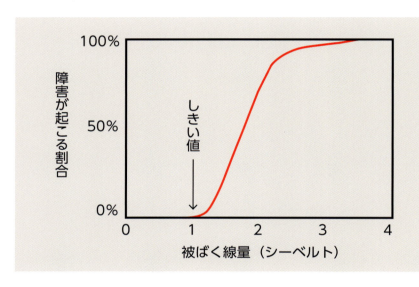

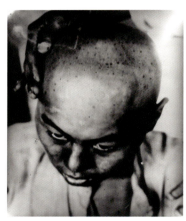

脱毛した兵士
（木村権一氏撮影・広島平和記念資料館提供）

確率的影響

これ以下なら障害が起こらないという「しきい値（限界線量）」がないと考えられる放射線障害で、がんや遺伝的影響がこれにあたります。被ばく線量が多いほど、がんなどが起こる割合（確率）が高くなるので、「確率的影響」とよばれます。別名、「がん当たりクジ型影響」ともたとえられ、「たくさん放射線を浴びる」ことは、「がんが当たるクジをたくさん買う」ことに相当します。「1浴びた人」と「100浴びた人」とでは、100浴びた人の方が100倍ぐらいがんになりやすいという意味で、100倍重いがんにかかるわけではありません。がんとしてのひどさは「1」浴びても「100」浴びてもおなじですが、が

んになりやすさが100倍ぐらい高くなるということです。そのようすをグラフでしめすと、たとえば図のようになります。障害が起こる割合は、がんの種類などによってもちがいます。

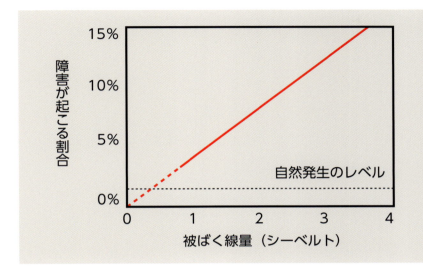

呉市から原爆さく裂40分後に撮ったキノコ雲
（尾木正己氏撮影・広島平和記念資料館提供）

なお、上のグラフで被ばく線量が0.1シーベルト以下のところは点線でしめされていますが、まだ十分わかっていない部分です。それでも、「低い被ばくでは障害が起こらない」と決めつけることもできないので、放射線はなるべく浴びないようにすることが大切です。

実際のがん（ここでは「結腸がん」）については、下のような関係が観察されています。だいたい「線量が高くなるにつれて、がんにかかりやすくなる」傾向がわかります。

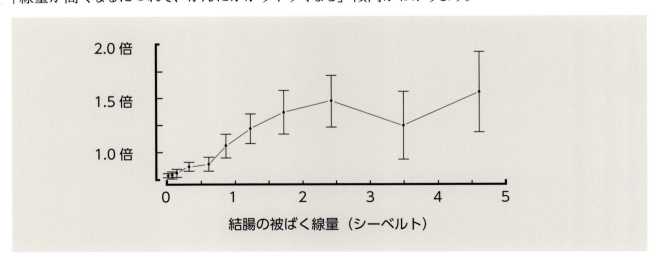

被爆者証言 ③ 悪夢のような8月6日

松本さん(安斎育郎撮影)

▍松本都美子さん(広島被爆体験証言者)

　わたしは13歳のとき被爆しました。学校までは歩いて通い、勉強もそこそこに、バケツ・リレー、なぎなた、竹やり、避難訓練、防火訓練などにとりくみました。校庭は畑に変わり、防空壕も掘らされました。

　1945年8月6日は、「建物疎開」(避難するために密集している建物をこわす作業)の作業日でした。わたしが学校について朝礼台のそばを通ったとき、オレンジ色の目がくらむようなものすごい光を浴び、「目の前に太陽が落ちてきた」と感じました。わたしは爆風に飛ばされ、校舎の下敷きになりました。

　ようやくがれきの下からはい出しましたが、まっくらで何も見えません。校門の前にたくさんあったはずの家が、がれきの山になっていました。家に帰る道も見あたりません。わたしは比治山にむかいました。がれきの下からはさけび声やうめき声、子どもたちのなきわめく声が聞こえましたが、どうすることもできません。とちゅうの広場で、頭の毛が焼けちぢれた人、顔が赤黒くカボチャのようにふくれた人、全身の皮ふが焼けてはだか同然の人、死んだ赤ちゃんを抱いたお母さんなどを見てふと自分の頭に手をやると、ガラスの破片でざらざら、首や背中や手足の皮ふがズルッとむけ、かかとまでたれさがっていました。わたしは気分がわるくなり、しゃがみ込みました。

　たくさんの人が川に飛び込んでいました。太陽が照りつけてやけどが痛くなり、「川に入れば楽になるか」と思いましたが、勇気がありませんでした。たくさんの人がお化けのような姿で橋をわたっていました。

　やっと比治山のふもとにつきましたが、中腹あたりの防空壕には入りきれないほどの人がいました。やけどの姿、飛び出した目玉を手で押し込んでいる人、内臓が飛び出して息絶えている人……、生き地獄でした。

　わたしはトラックに積まれて安芸郡府中町にはこばれ、友だちと先生に会い、やけど姿で抱きあいました。講堂に敷かれたムシロに寝かされましたが、となりで友だちはうわごとをしゃべりつづけた末に、亡くなりました。校庭に死体の山ができました。

　治療はやけどに油をぬるだけでした。この絵(右ページ上)はガーゼや包帯で巻かれた被爆者です。わたしたちは遅かったので、ガーゼも包帯もありませんでした。友だちも先生もつぎつぎに亡くなりました。

　部屋の中はいやな臭いがしました。化膿した傷口の臭い、汚物の臭い、死体を焼く臭いがまじりあった

体験画、「追憶と幻想」
（伊藤智光氏作画・松本都美子氏所蔵）

　臭いです。ハエがやけどや傷口に卵を産みつけ、やがてウジ虫がはいまわります。ひどい痛みにたえるしかありません。
　やがて、疎開していたおばあさんと連絡がとれ、わたしは、伯父さんの自転車にのせた板にロープでしばられて帰りました。ある日、おばあさんがもってきた箱には、お母さんと3歳の弟の骨が入っていました。5歳になる弟は行方不明でした。
　爆心から2キロはなれた会社に行っていたお父さんは助かりましたが、「黒い雨」にあったそうです。わたしのやけどは肉がもり上がり、皮ふがつっぱり、ケロイド状になりました。お父さんは焼け跡にバラックの家を建てましたが、わたしが11月に帰ったとき、広島は見わたすかぎりの焼け跡でした。カボチャやサツマイモの茎や雑草を食べました。お父さんは放射能の影響でまた動けなくなりました。
　1946年の新学期、わたしは比治山のふもとの兵舎での学校生活にもどりましたが、学校が終わると焼け跡で鉄くずをあつめ、広島駅前の「やみ市」でお米や野菜にかえました。お父さんは毎日「死にたい」といい、とうとう自分の手で命を絶ちました。わたしは、おばあさんと2人だけになりました。
　1952年、わたしはあるお菓子屋さんで働きましたが、ほどなくお店でたくさんの血を吐き、胃の3分の2を切られ、輸血による血清肝炎でひどい黄疸が出ました。「これで死ぬんだ、死ねば楽になる」と思いましたが、お医者さんの治療とおばあさんの看病で少しずつ元気になりました。でも、それとひきかえにおばあさんが亡くなりました。たくさんいた親戚も、放射能の影響でつぎつぎと亡くなり、わたしは本当のひとりぼっちになりました。
　わたしは家にひきこもり、食べられない日がつづきました。その頃から「二度と被爆者をつくってほしくない」「核兵器は二度とつかってはいけない」という考えが毎日頭の中をめぐりました。原爆はすべての命をうばいます。どんなことがあってもつかってはいけないものです。
　わたしは今でもとても不自由な体ですが、こうして長く生きさせてもらって本当にありがたいと感じます。わたしにはわずかな力しかありませんが、命の尊さ、平和の大切さを次の世代につたえていかなければならない——そう思っています。

いまもつづく裁判

原爆症をみとめるようううったえる人たち
（日本原水爆被害者団体協議会提供）

　原爆被爆者たちは、自分が被爆者であることを証明する手続きをすれば、「被爆者健康手帳」の交付を受けることができます。この手帳を受けると、医療特別手当、健康管理手当、介護手当、葬祭料などの手当を受け、医療機関での診療を受けることができます。
　1957年に制定された「原爆医療法」では、「原爆症」と認定された人の医療費は全額国が負担することとされましたが、その後、「原爆症」と認定された被爆者は「被爆者健康手帳」をもっている被爆者の1％にも達しませんでした。
　「原爆症」の認定をもとめる被爆者は、まず、厚生労働省に対して「原爆症として認定してほしい」と申請するのですが、その段階で「却下」（みとめないという決定）されることが多かったのです。そこで、長崎の松谷訴訟、京都の小西訴訟、東京の東訴訟などで、被爆者たちが国を相手どって、「認定申請の却下をとりけしてほしい」という裁判を起こし、その主張がみとめられました。ところが、国はこんどは、

東訴訟での勝利判決をつたえる
（一般社団法人東友会提供）

原爆症認定集団訴訟・記録集刊行委員会編『原水爆認定集団訴訟たたかいの記録』（日本評論社刊）

松谷訴訟で裁判に勝利した松谷さん
（日本原水爆被害者団体協議会提供）

熊本県の原水爆認定集団訴訟をたたかう人たち
（日本原水爆被害者団体協議会提供）

「その病気が原爆の放射線によって引き起こされた可能性が何％あるか（原因確率）」という基準をつくり、原爆症の認定をいっそう困難にしました。被爆者は強烈な熱線・爆風・放射線にまとめてさらされたのですが、その中から「放射線」だけを取り上げ、科学的にも十分な情報がない「原因確率」で判断することは、高齢化した被爆者にはとても過酷なことでした。

　ついに被爆者たちは、認定制度そのものの改善をもとめ、これまで何百人という被爆者が集団で国を相手どって裁判を起こし、その多くで被爆者の主張がみとめられていますが、平均年齢が80歳近い被爆者をささえるための根本的なしくみづくりが必要でしょう。

日本原水爆被害者団体協議会の活動

第2回原水爆禁止世界大会のポスター
(第五福竜丸平和協会提供)

日本被団協の結成
(連合通信社提供)

「ふたたび被爆者をつくるな」——これが、原爆被爆者たちの一番の願いです。しかし、全国にちらばった被爆者たちは、戦後11年間、自分たちでまとまった組織もつくれずに、苦しんでいました。そして、国からなんの援助を得られないまま、「原爆病がうつる」といった心ない社会的な偏見や差別にさらされていました。被爆者の多くが、「なんとなく元気が出ない」とか「つかれやすい」といった状態を経験していますが、「原爆ぶらぶら病」などとよんで「なまけ者」であるかのような目をむける人も少なくありませんでした。

1954年3月1日、アメリカがビキニ環礁で水爆実験をおこない、日本のマグロ漁船「第五福竜丸」が放射能まじりのサンゴ礁の灰(死の灰)を浴び、無線長の久保山愛吉さんが亡くなると、日本中で核兵器に反対する運動が起こり、1956年8月に長崎で開かれた第2回原水爆禁止世界大会の中で、「日

2010年に広島でひらかれた「ノーベル平和賞受賞者サミット」で、日本被団協におくられた「平和サミット特別賞」のトロフィ「平和の手」をもつ日本被団協の人たち
（日本原水爆被害者団体協議会提供）

ノーモア ヒバクシャ
NIHON HIDANKYO

日本被団協のシンボルマーク
（日本原水爆被害者団体協議会提供）
ホームページ：http://www.ne.jp/asahi/hidankyo/nihon/

日本原水爆被害者団体協議会編
『ふたたび被爆者をつくるな
──日本被団協50年史』

東京・上野で核兵器をなくすための署名行動のとりくみ
（日本原水爆被害者団体協議会提供）

本原水爆被害者団体協議会」（日本被団協）が結成されました。それからの被団協の活躍はめざましいものでした。国が起こした戦争の結果、原爆にさらされた自分たちの生きる条件を切り開くために、「原爆医療法」「原爆特別措置法」などを実現させ、さらに、戦争を起こした国こそが被爆者への補償に責任をもつべきだという立場から、国に「被爆者援護法」の制定をせまり、いくつかの要求を実現させました。

そして、なによりも「ふたたび被爆者をつくらない」ために、国の内外に被爆者としての苦しい体験を訴え、核兵器をなくす運動に重要な役割を果たしてきました。その活動は国際社会でも高く評価され、ノーベル平和賞の候補となりました。被爆者は「核戦争の生き証人」として、日本と世界の原水爆禁止運動にたいへん重要な役割を果たしています。

被爆者証言 ④ 被爆二世として思う

山根和代さん（立命館大学国際平和ミュージアム副館長）

　広島に原爆が投下されたとき、父（山根和規）は広島市三滝町にいました。爆心地からの距離は2.5キロメートルであり、ピカッと光った瞬間に腕で顔をかくしてやけどをし、腕にはケロイドがのこってしまいました。やけどは長い時間をかけて治っても、放射能の影響が心配です。わたしは被爆二世として、さまざまな異常が出てくるのではないかという不安をいだきました。子どもの出産後には、すぐに手足の指が10本あるか、確認をしました。これは杞憂ではなく、長崎で子どもの指が3本しかないという被爆二世の女性に会ったとき、泣いてしまいました。自分の子どもや孫に放射能の影響があるのではないかという不安は、いまでもあります。子どもが病気になると、放射能と関係があるのではないか気になります。たとえば鼻血が出ると、放射能の影響かと不安になります。

　福島での原発事故後、福島の被災者、特に子どもたちの健康が心配です。原発は日本だけでなく、中国や韓国にもあります。もし事故があれば、風に吹かれて日本人も放射能の影響を受けることでしょう。そのためには、被爆体験、放射能のおそろしさをきちんとさまざまな国の人びとや、次世代につたえていくことが重要であると思います。父は被爆教師の手記集に、「二度とこのようなことがないように、平和教育をしっかりしてほしい」と書いて亡くなりました。現在平和博物館における平和教育に関わっていますが、今後も被爆二世としてできることをやっていきたいと考えています。

三滝寺にある反戦反核をうたった土屋清詩碑

三滝寺の原爆供養合同歌碑

被爆者の苦しみは深く、重い
―― 被爆者調査がしめしたもの

日本原水爆被害者団体協議会編
『ヒロシマ・ナガサキ死と生の証言
――原爆被害者調査』
（新日本出版社）

　被爆者たちは、1956年に「日本原水爆被害者団体協議会」をつくり、原爆の被害についての調査にもとりくんできました。とりわけ、被爆40年目の1985年には大規模な調査がおこなわれ、1万人以上の被爆者が回答しました。しかし、中には、「思い出すことさえつらく、調査によって苦しめられた」とか、「調査しないでほしい」と感じたりする人もいました。被爆者の苦しみは、深く、重いのです。

　調査によって、被爆者の心にある「原爆による"地獄"のありさま」と「その後の人生への深刻な影響」の両面がしめされました。

　「原爆による"地獄"のありさま」については、「人間の死とはいえないようなむごたらしい死に方」だったという声が多く聞かれました。そして、被爆者は、「家族や友人など親しい人びとを失った悲しみや喪失感になやまされている」と感じています。「喪失感」とは「心にポッカリ穴があいたようなむなしい気持ち」です。さらに、目の前で肉親が焼かれていく体験をした被爆者の中には、「なぜ助けられなかったのかということへの罪の意識や自責の念」が強くのこっていました。「自責の念」とは、自分を責める気持ちです。

体験画、炎につつまれた2階の窓からたすけをもとめる幼女の声。いまだにわすれることができない
（佐々木智佐子氏作画・広島平和記念資料館所蔵）

　「その後の人生への影響」もとても深刻で、生活・結婚・出産・子育て・就職・健康不安・老後など、人生全般におよんでいました。被爆者の人生は、家族や家庭を失ったことによって大きくくるわされました。もちろん、がんをふくむ「原爆症」の不安、病気がちなことによる生活の苦しさ、老後の生活への不安、さらには、子や孫への遺伝的影響にたいする不安になやまされつづけました。医学面だけでなく、ケロイドなどの障害にたいする社会的偏見や差別にも苦しめられ、「被爆者である」ということで結婚や就職がむずかしくなりました。医療機関や行政が被爆による影響を十分理解せず、国が原爆症の認定や補償に消極的なことにも苦しめられました。何百人という被爆者が国を相手どって裁判を起こし、やっと原爆症と認定されるような事態がつづき、高齢化の中でますます健康や生活の不安が深刻化しています。

　わたしたちは、苦しみの中から被爆者たちが「核兵器なくせ」とさけんでいる声に、心から耳をかたむけなければならないでしょう。

体験画、8月10日午前、くすぶりの中に焼けた幼児のおなかから腸がとびだし、そのむこうにまっ黒に焼けたウシが立ちつづけていた
（中山高光氏作画・長崎原爆資料館所蔵）

追悼長崎原爆朝鮮人犠牲者　慰霊碑

韓国の被爆二世

韓国にも「被爆二世」の人たちがいます。

「えっ？　なぜ海をこえた韓国に被爆者が？」と思うかもしれません。

みなさんは、日本が1910年に韓国を「植民地」にしたことをしっていますか？　韓国に日本人を送りこみ、韓国の資源や人びとを支配したのです。その後、多くの韓国の人びとが強制的に日本に連れてこられ（「強制連行」といいます）、広島・長崎に原爆が投下されたときにも、たくさんの韓国人が日本で被爆したのです。韓国人被爆者の数は、原爆被爆者全体の10%にも達するともいわれています。

戦後自分の国である韓国に帰った被爆者たちは、二重の苦しみを味わいました。ひとつは日本人の被爆者とも共通する「被爆者としての苦しみ」です。それまで医学では正体のわからない原爆症の苦しみです。

第二の苦しみは、「日本の植民地支配の時代に、日本に行って働き、協力した」という非難の目です。自分たちの意志ではなく、強制的に連れて行かれたのですが、一部の人びとからむけられる冷酷な視線にもたえなければなりませんでした。

韓国人原爆犠牲者慰霊碑（広島）

広島のキノコ雲。爆心地から2600メートル、いまの霞町一丁目から撮ったもの
（深田敏夫氏撮影・広島平和記念資料館提供）

　広島・長崎で被爆した韓国人は、さまざまな苦労を体験しながら韓国社会に定着し、結婚し、子をもうけました。韓国人被爆二世の誕生です。

　近年、日本と韓国の研究者が共同して、「韓国人被爆二世」への遺伝的影響を調べ始めました。すでに、韓国では2004年から、被爆二世らの要望をふまえて聞き取り調査が始められ、被爆者の約3分の1が暮らす慶尚南道では、被爆二世や三世もふくめて健康調査や医療相談をする条例がつくられました。

　核兵器は、世代をこえて影響をのこす点でいっそう非人道的な兵器ですが、被爆者や被爆二世・三世に対する援護が十分になされる必要があるでしょう。

アメリカ兵の証言

元米兵ジュリアン・コーエンさんの体験

　原爆投下2か月後に、アメリカ海軍の仕事で長崎の爆心地をおとずれた元アメリカ兵のジュリアン・コーエンさんは、自分の病気が長崎をおとずれたときに浴びた放射線のせいではないかと、87歳のいまも思いなやんでいます。

　コーエンさんは1927年のニューヨーク生まれ。10代から海軍の造船所で働き、18歳で海軍に志願し、やがて水兵になりました。戦争が終わった後は大型揚陸艦(兵士や車両をはこび、上陸させる船)に配属され、西太平洋各地に行きましたが、長崎もおとずれました。1945年10月のことです。原爆投下からわずか2か月後です。爆心地に立ったコーエンさんは、「地面が黒く熱かった」と記憶しています。

　4か月後、右目に異常を感じたコーエンさんは海軍をはなれて別の仕事につき、結婚して3人の子をもうけましたが、1960年代の初めから「ぜんそく」と「黄斑変性」になやまされました。黄斑変性は目の病気で、ひどい場合には失明の原因になります。

　ぜんそくは海軍をやめた頃から起こりましたが、1990年代初めに復員軍人援護局にもうしでた結果、昨年、補償金が支払われました。

　一方、目の病気はだんだん悪化し、1988年には右目の視力をうしない、復員軍人援護局に補償を訴えましたが、ずーっと断られつづけました。

　いまとなっては、コーエンさんの目の病気が放射線のせいだと決めつける十分な証拠はありませんが、原爆は、被爆者だけでなく、原爆を投下した国の兵士もなやませているのです。

長崎原爆が火の玉からキノコ雲へたちあがっていくようす
(米軍撮影・『証言の昭和史5　われ生還を期せず』から)

亡くなった弟を背負い、遺体を焼く順番を待つ少年。戦後占領軍の一員として長崎にはいったオダネル氏は、あまりの光景に規則にそむいて自分のカメラで撮影、帰国後も43年間トランクに封印していたが、晩年原爆の悲劇を告発するために公開した。2019年11月、フランシスコ・ローマ教皇が日本を訪れたが、2年前の2017年の末、教皇はこの写真を全世界に配布するよう指示し、核兵器の非人道性をアピールした。
（ジョー・オダネル氏撮影・『トランクの中の日本──米従軍カメラマンの非公式記録』から）

下村時計店。衝撃波と爆風で二階建ての一階部分が完全にくずれ、時計台と二階部分だけになっている
（川村俊雄氏撮影・川本祥雄氏提供）

熱線と火災、衝撃波によってまがりくずれた西部瓦斯大橋工場ガスタンク
（小川虎彦氏撮影・長崎原爆資料館所蔵）

安斎育郎（あんざい　いくろう）

1940年東京都生まれ。東京大学工学部原子力工学科卒業。工学博士。現在、立命館大学名誉教授、立命館大学国際平和ミュージアム名誉館長、安斎科学・平和事務所所長、平和のための博物館国際ネットワーク・諮問理事。ベトナム政府より、文化情報事業功労者記章受章。第22回久保医療文化賞、ノグンリ国際平和財団第4回平和賞、日本平和学会第4回平和賞受賞。著書に『ビジュアルブック語り伝えるヒロシマ・ナガサキ』全5巻（第7回学校図書館出版賞）『ビジュアルブック語り伝える沖縄』全5巻（第9回学校図書館出版賞）『ビジュアルブック語り伝える空襲』全5巻（第11回学校図書館出版賞）『安斎育郎先生の原発・放射能教室』全3巻『原発事故の理科・社会』『だまし博士のだまされない知恵』『だまし世を生きる知恵――科学的な見方・考え方』（以上、新日本出版社）、『福島原発事故』（かもがわ出版）、『安斎育郎のやさしい放射能教室』（合同出版）、『だます心だまされる心』（岩波書店）など多数。

デザイン：株式会社 商業デザインセンター
　　　　　松田 珠恵

資料提供・取材協力：
岩佐幹三、一般社団法人東友会、川本祥雄、菊池徳子、クリエイツかもがわ、原水爆禁止日本協議会、（公財）第五福竜丸平和協会、すずきとしお、田子はるみ、長崎原爆資料館、長崎市、日本原水爆被害者団体協議会、広島市、広島平和記念資料館、松本都美子、眞柳タケ子、山根和代、連合通信社（50音順・敬称略）

参考資料：
『長崎原爆資料館学習ハンドブック』（長崎原爆資料館）、『広島平和記念資料館学習ハンドブック』（広島平和記念資料館）、『証言の昭和史5　われ生還を期せず』（学研）、『トランクの中の日本――米従軍カメラマンの非公式記録』（小学館）、『つながってひろがって』（クリエイツかもがわ）（順不同）

シリーズ戦争　語りつごうヒロシマ・ナガサキ
2 キノコ雲の下で起きたこと

2015年3月30日　初　版
2024年11月20日　第3刷
NDC210　40P 27×22cm

文・監修	安斎育郎
発 行 者	角田真己
発 行 所	株式会社 新日本出版社
	〒151-0051 東京都渋谷区千駄ヶ谷4-25-6
電　　話	営業03(3423)8402　編集03(3423)9323
メ ー ル	info@shinnihon-net.co.jp
ホームページ	www.shinnihon-net.co.jp
振　　替	00130-0-13681
印　　刷	光陽メディア
製　　本	東京美術紙工協業組合

落丁・乱丁がありましたらおとりかえいたします。
© Ikuro Anzai 2015
ISBN978-4-406-05842-1 C8321 Printed in Japan

本書の内容の一部または全体を無断で複写複製（コピー）して配布することは、法律で認められた場合を除き、著作者および出版社の権利の侵害になります。小社あて事前に承諾をお求めください。

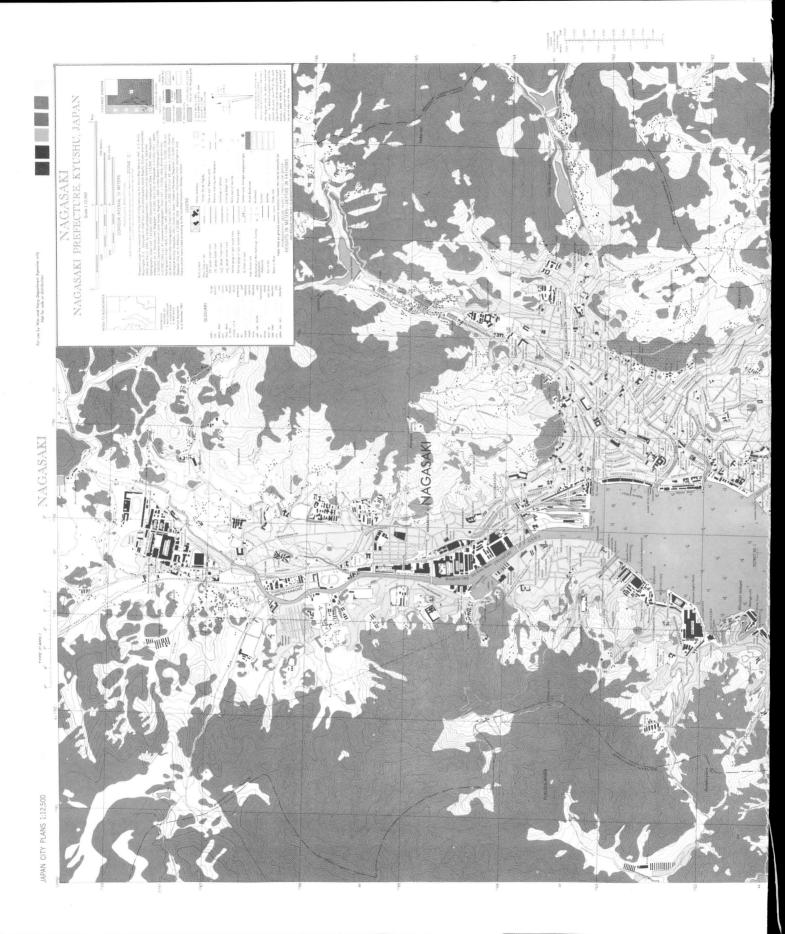